EXPOSÉ DES MOTIFS

ET

PROGRAMME ÉLECTORAL

PRÉSENTÉS

A la réunion préparatoire du Syndicat
et des
Délégués cantonaux de la Ligue des Cultivateurs lorrains
du 7 février 1885

Par M. C. BAILLY, à Armaucourt.

Messieurs,

Nous avons fondé la Ligue dans le but de procurer aux cultivateurs lorrains le moyen d'étudier en commun les questions législatives, économiques et fiscales intéressant l'agriculture en général, et aussi le moyen d'agir collectivement près des pouvoirs publics pour l'obtention des réformes étudiées et reconnues nécessaires. C'est avec cet esprit que nous avons rédigé l'article 1 de nos statuts ainsi conçu: «..... la Ligue se propose d'obtenir des pouvoirs publics ou des législateurs, par toutes les voies légales, soit l'adoption de mesures propres à favoriser l'agriculture, soit le rejet de celles qui sont contraires. »

Choisir ses mandataires spéciaux, préparer et assurer leur élection, c'est le moyen légal le plus direct d'action près des pouvoirs publics. La question électorale est donc, de par la constitution de la Ligue, dépendante de ses attributions.

Les réformes législatives qui nous intéressent directement sont très nombreuses, et, dans la situation actuelle, leur réalisation est rendue d'autant plus nécessaire et urgente même par cette situation qui nous oblige à lutter, même sur le marché français, avec des concurrents placés dans des conditions économiques beaucoup plus avantageuses. Notre régime fiscal et douanier est loin d'être établi d'une façon équitable ; nos lois qui régissent la propriété rurale ne correspondent plus entièrement à sa situation actuelle ; l'économie des grands services publics, qui sont aujourd'hui la source de l'augmentation de nos charges, qui en augmentant les attributions de l'État en aggravent considérablement la responsabilité, laisse beaucoup à désirer, et n'a pas toujours été de la part de nos législateurs envisagée avec toute la compétence et la vigilance impartiale nécessaires. Tous les hommes qui se sont occupés de notre économie sociale sont tous d'accord pour admettre qu'en France, l'agriculture ne retire pas de notre organisation économique des services proportionnels aux charges qui lui sont imposées. Je pourrais citer des exemples nombreux, je me bornerai à vous citer l'opinion de Léonce de Lavergne :

« L'agriculture, dit-il, a été de tout temps la bête de
« somme du fisc ; dans la répartition des charges, ses
« intérêts ont toujours été sacrifiés ; c'est une grande
« cause de ses souffrances ; cependant, si les agricul-
« teurs parvenaient à s'entendre, par leur nombre
« représentant les deux tiers de la nation, le suffrage

« universel met entre leurs mains un instrument irré-
« sistible pour remédier à cette situation. Ils ont d'au-
« tant plus le droit de s'en servir, qu'ils n'ont à
« demander que le bien général ; loin de réclamer des
« privilèges, ils n'ont qu'à poursuivre ceux qui s'exer-
« cen⁺ contre eux et ils en trouveront beaucoup. »

D'où vient cette situation anormale que nous subis-
sons ? Il faut bien l'avouer, nous en sommes en grande
partie responsables. L'insouciance que les cultivateurs
ont apportée dans le choix de leurs mandataires en
est la cause principale. On a mis à profit cette insouciance ; le choix de nos représentants est devenu par
le fait le monopole d'un parti dont l'exigence n'a pas
toujours été en rapport avec la compétence et l'im-
partialité. Dans l'organisation et les décisions de tous
les comités électoraux, les intérêts de l'agriculture
ont toujours été méconnus ; on nous en a écartés ou
exclus, et nous sommes restés dans l'alternative ou
de subir le choix fait à notre insu, ou de nous abstenir.

L'ensemble de ces causes a eu pour résultat l'exclusion absolue de représentants agricoles et la for-
mation d'une manière générale d'une représentation
nationale dépendante et personnifiant exactement le
groupe ou les comités électoraux d'où elle était sortie.
La majorité parlementaire a reflété exactement l'esprit
politique et économique qui avaient présidé à sa for-
mation. Or l'esprit politique, l'esprit de parti a toujours
dominé l'esprit économique et a toujours été la principale inspiration des comités électoraux ; l'esprit économique était relégué au dernier rang et cédait toujours
le pas à l'esprit politique. C'est pourquoi le Parlement

s'est toujours préoccupé davantage des questions politiques toujours stériles que des questions économiques qui sont les questions vitales d'une nation. Nous avons eu par le fait un Parlement docile au Gouvernement qui, au lieu de le contrôler, l'a encouragé dans ses desseins politiques et économiques. On peut dire que les rôles ont été quelque peu intervertis : « Laissez-nous disposer de tous les emplois, a dit le Parlement au Gouvernement, nous vous laisserons disposer des lois et du budget. » C'est ce compromis que l'on voudrait rétracter, mais un peu tard, qui est la cause principale qu'aujourd'hui le budget est en déficit, l'arbitraire dans notre régime économique, et l'agriculture et tout le pays en souffrance.

Le moyen de porter remède à cette situation est de faire entrer dans le Parlement des députés dont l'esprit et la compétence politique et économique soient éprouvés, d'une fermeté capable de remplir le rôle de contrôleur impartial du pouvoir, et non d'être les complices de sa faiblesse ; il faut que l'esprit économique reprenne la place qui lui appartient, afin que la représentation nationale ait un caractère plus professionnel ; il faut que l'agriculture, au même titre que les autres industries, ait ses représentants spéciaux, ses députés agricoles. L'expérience est là pour démontrer combien sont éphémères et nos vœux émis et les promesses de la veille du scrutin. Il y a donc nécessité incontestable pour la Ligue à se disposer, à s'organiser dans ce but; la situation de l'agriculture et du pays en général exige que la Ligue des cultivateurs lorrains s'intéresse aux prochaines élections ; quand l'agriculture va, tout va, c'est la devise de notre association.

Les fonctions d'un représentant, dans la situation actuelle, peuvent l'obliger à se prononcer, non seulement sur les questions d'ordre purement économique, mais aussi sur les questions d'ordre exclusivement politique, c'est-à-dire sur les lois qui règlent et les attributions du gouvernement et de sa forme ou de son organisation. Si l'opinion en général était d'accord sur la forme et l'organisation du Gouvernement, si cette forme n'était contestée que par une minorité que l'on pût traiter de quantité négligeable, l'opinion politique générale ne différant pas, elle resterait sous-entendue et il y aurait lieu de s'inquiéter seulement de l'opinion économique, c'est-à-dire de la compétence économique du candidat. Malheureusement, il n'en est pas ainsi ; l'opinion est divisée, la question de forme du Gouvernement peut être agitée directement ou indirectement, il est indispensable que la Ligue exprime, en même temps que ses opinions économiques, son opinion politique. Cette opinion ne saurait être subordonnée à la seule question de chance ou de réussite au scrutin ; cette subordination ne serait pas digne d'une association de cultivateurs ; nous savons tous par expérience ce que valent les convictions assises de cette façon. La Ligue est une association de cultivateurs et non une association de politiciens à conviction à la mode, à la recherche des faveurs, des grasses sinécures et des privilèges. Nous ne représentons pas une catégorie de citoyens dont les moyens d'existence reposent sur les places et les traitements distribués par l'État, nous ne sommes pas une coterie politique. Si nous voulons avoir nos représentants attitrés, c'est pour défendre nos intérêts légitimes, et non pour solliciter d'eux les faveurs, les monopoles ou les privilèges.

Rappelons-nous que nous avons toujours été les dupes des partis quels qu'ils soient, qui, en nous promettant beaucoup, ne nous ont jamais rien donné. — Disons hautement que nous ne voulons plus de ce sytème, que nous voulons des garanties, que nous ne voulons plus être des dupes et traités de quantité négligeable le lendemain du scrutin.

C'est avec cet esprit de fermeté, de franchise et de justice que la Ligue doit envisager la question politique aussi bien que la question économique ; lorsqu'on s'appuie sur la justice, on se place sur un terrain solide et quoi qu'il arrive on se trouve toujours du côté de la vérité.

Notre conviction, notre opinion n'étant dirigée ni par l'égoïsme ni par l'esprit de parti, mais uniquement par le sentiment de la justice et de la liberté, notre entente sera facile et est assurée d'avance ; il ne peut se produire entre nous de ces divisions regrettables suscitées le plus souvent sans conviction et sans courage, mais par le seul mobile ou d'un égoïsme méprisable ou d'une opposition systématique. Respectons les convictions loyales et sincères, mais méprisons celles qui ne sont commandées que par l'esprit de parti ou de coterie intéressée.

Lorsqu'il s'agit de se prononcer sur la forme ou la physiologie d'un objet ou d'une chose, il est indispensable d'avoir une connaissance parfaite du rôle ou du but qu'ils doivent remplir. Notre jugement n'est autre chose que l'expression du rapport de la relation qui

existe entre la forme ou la physiologie, c'est-à-dire
les aptitudes et les services exigés. Pour les objets
vivants, les services doivent être subordonnés aux aptitudes, c'est-à-dire à la physiologie et à la forme ; pour
l'État ou gouvernement, au contraire, la physiologie
peut varier et peut et doit se subordonner aux services. L'État est fait pour le pays et non le pays pour
l'État. Il est donc nécessaire, avant de porter notre
jugement sur la forme ou sur la physiologie du gouvernement, de nous entendre sur son but, sur son
rôle, c'est-à-dire sur les services qu'il doit remplir.

Un économiste français, que l'on a souvent cité ces
temps derniers à propos des questions économiques
aujourd'hui devant le Parlement, définissant l'État
vers 1850 d'après l'opinion de cette époque, disait :
« L'État est la grande fiction à travers laquelle tout
» le monde s'efforce de vivre aux dépens de tout le
» monde ». Cette définition ironique ne pourrait-elle
pas encore être appliquée aujourd'hui, n'est-elle pas
la vérité ?

Ce même économiste ajoutait : « l'État ce n'est ou
» ce ne devrait être que la force commune instituée
» non pour être entre tous les citoyens un instrument
» d'oppression et de spoliation réciproque, mais au
» contraire la force commune instituée pour garantir
» à chacun ses droits : ceux de la conscience comme
» ceux de l'intelligence ; ceux de la propriété et du
» capital comme ceux du travail ; ceux de la famille
» comme ceux de la commune ; ceux de la patrie
» comme ceux de l'humanité ; en un mot pour garantir

» à chacun le sien et faire régner la justice et la
» sécurité. »

Faire régner la justice et la sécurité, garantir à
chacun le sien est un rôle qui a paru trop modeste aux
partisans nombreux de cette École devenue toute
puissante et que l'on appelle le socialisme d'État.
Ce socialisme d'État, le système politique qu'il a en-
gendré, n'est-ce pas le système politique qui a abouti
à la situation actuelle ; ce système n'était-il pas la
conséquence logique de l'esprit politique qui avait
décidé du choix de la représentation nationale ; n'est-
il pas le système politique que l'on voudrait renier aujourd'hui en partie, si ce n'est par conviction, parce que
la caisse l'oblige, à la veille des élections, un peu
tard, pour le reprendre lorsque la caisse sera revenue
à flots ?

Lorsqu'aujourd'hui nos politiciens en détresse, pour
se justifier ainsi que leur système, en rejettent la responsabilité sur le pays tout entier, ils mentent impu-
demment. Ce n'est pas le pays laborieux, le pays qui
travaille qui a demandé l'application de ce système et
des mesures arbitraires et anti-libérales qu'il a en-
gendrées. C'est la voix des comités qui a prévalu, qui
en est la cause principale. Le pays laborieux et loyal
est victime d'un parti politique qui, s'il a été sincère,
a été certainement incompétent au point de vue politique et au point de vue économique.

Il n'y a que deux systèmes politiques qui peuvent se
soutenir ; ou bien l'État doit beaucoup faire, mais il
doit aussi beaucoup prendre, c'est le socialisme d'État
sincère ; ou bien la double action de l'État doit se

faire peu sentir ; quant au troisième système, participant des deux autres, qui consiste à beaucoup faire et à prendre peu, c'est le faux socialisme, chimérique, absurde, contradictoire, c'est l'utopie radicale. Ceux qui le mettent en avant pour se donner le plaisir d'accuser tous les gouvernements d'impuissance et les exposer à la vindicte publique, s'ils ne sont des trompeurs ce sont des trompés.

Le pays qui travaille, les industriels en général, les commerçants, les ouvriers et surtout les cultivateurs, à quel système doivent-ils accorder leur préférence ? La situation présente est là pour attester irréfutablement que les cultivateurs surtout, que tous en général, car les privilégiés ne sont plus épargnés, nous ne pouvons retirer de ce système qui consiste à beaucoup faire et à beaucoup prendre, aucun avantage sérieux et durable, et que ce système ne saurait nous donner satisfaction ni au point de vue d'une bonne répartition des charges, ni au point de vue de la garantie de nos intérêts économiques. Croyez-vous qu'il soit possible de répartir équitablement des impôts lorsque la somme s'élève à près de 4 milliards dans un pays comme la France, sans compter les octrois, les prestations et les centimes extraordinaires départementaux et communaux ! Croyez-vous que ce système qui a la prétention d'assurer le travail, la vie à bon marché, régler les profits de tous; est capable de garantir strictement les droits de chacun ? Non, il ne peut procurer que l'arbitraire, les vexations, l'oppression, par les plus intrigants, les plus influents, les plus ambitieux au détriment des autres qui seront toujours la grande majorité du pays et l'agriculture en particulier. La crise économique actuelle ne démontre-t-elle pas combien se sont trompés ceux qui avaient confiance dans ce système, dans ce socialisme d'État.

Nous ne saurions donc hésiter dans notre choix, ce système est.celui qui fait de nous des dupes, la bête de somme de Léonce de Lavergne ; c'est le système qui convient uniquement à ce groupe de politiciens vivant des places et des sinécures que ce système engendre et dans lequel la capacité le plus souvent doit céder à l'intrigue.

Nous devons nous rallier au second système politique ; c'est le seul qui puisse nous donner satisfaction. Nous devons considérer l'État ou gouvernement comme la force commune instituée pour garantir à chacun le sien et faire régner la justice et la sécurité. Cette mission ne lui retranche aucune de ses attributions essentielles, aucun des services publics qui lui incombent.

Le rôle de l'État ainsi considéré, je vous demanderai quelle est la forme qui peut donner la meilleure garantie d'exécution ; si vous pensez qu'un gouvernement monarchique donnera plus de garantie qu'un gouvernement républicain ? Croyez-vous que l'élément qui les différencie ou qui peut les différencier dans la situation actuelle, c'est-à-dire la permanence et l'hérédité du chef du pouvoir exécutif, est une garantie certaine, supérieure, au point de vue de la sécurité en général et au point de vue d'une bonne gestion financière et économique ? L'expérience est là pour démontrer qu'en France surtout, si cette forme de gouvernement a procuré de la stabilité et de la sécurité, ce n'est pas à cause de son caractère proprement dit; qu'au contraire, cet élément différentiel, qui ne peut que compromettre l'harmonie indispensable entre les pouvoirs publics, a eu presque toujours des conséquences désastreuses pour le pays, tant au point de vue des intérêts intellectuels et moraux, qu'au point de vue de ses intérêts purement matériels. Quant à la garantie d'une bonne gestion financière et économique, le passé est là pour démontrer que ces deux formes de gouvernement ont appliqué d'une manière générale le même système fiscal et économique et que les intérêts de l'agriculture ont toujours été méconnus. — Et d'ailleurs, la division des esprits, ou plutôt la communauté confuse actuelle d'idées sur les questions fiscales et économiques, n'est-elle pas la preuve qu'à ce point de vue, en changeant de forme, les noms propres seuls seraient changés. — Ce qui s'est passé et ce qui se passe en ce moment au palais Bourbon, n'est-ce pas la démonstration que de part et d'autre les convictions économiques sont incertaines. Ne nous laissons plus éblouir par les promesses. Les fautes d'un Gouvernement ne proviennent pas en général de sa forme; leurs causes résident surtout dans certaines attributions qu'il s'arroge, qui, sous prétexte d'améliorer l'état social et la condition générale intellectuelle et matérielle des individus, n'ont de résultat le plus souvent que de créer des entraves à leur liberté et à l'exercice de certains de leurs droits légitimes; au lieu d'étendre la liberté et la justice, de faire régner la concorde et la paix, on ne multiplie que la contrainte et l'arbitraire, la discorde et l'antagonisme. Ceux donc, qui subordonnent uniquement toute amélioration à la simple question de forme, ou se trompent, ou veulent nous tromper ; cette étroitesse de vue fait supposer que cette préférence et cette subordination ne sont dirigées que par, ou un intérêt personnel ou par un esprit d'opposition inintelligent.

L'amélioration ne saurait résider dans un changement de forme, qu'à la condition que cette substitution n'entraîne avec elle l'esprit politique et économique capable d'écarter toutes les causes qui font naître ces fautes, et en même temps la conviction, la volonté, la fermeté, capables de vaincre les résistances non par une extension de l'oppression et de la contrainte, mais par l'extension de la liberté, qui est inséparable de la justice.

Il n'est donc nullement besoin de changer la forme actuelle du gouvernement pour améliorer la situation de l'agriculture et la situation générale du pays.

Il suffit pour cela de choisir un parlement, des mandataires présentant les garanties certaines d'une conviction ferme et sincère et d'une compétence politique et économique éprouvée, des mandataires qui formeront un parlement capable de contrôler l'État ou gouvernement dans l'exercice et l'exécution de ses attributions légitimes et rationnelles, et d'apporter à notre organisation fiscale et économique les réformes indispensables nécessitées par la situation générale du pays et par celle de l'agriculture en particulier.

Que la couleur politique seule qui ne reflète qu'une idée de forme de gouvernement ne soit plus le grand critérium des candidats ; si les opinions politiques ont eu le plus grand coefficient dans le résultat, rétablissons la proportion, donnons à l'opinion, à la compétence économique, à la compétence professionnelle, un coefficient plus prépondérant. Établissons notre programme avec cette esprit et cette conviction ; s'il est repoussé, si nos candidats sont éloignés et vaincus par l'esprit de parti, nous aurons la satisfaction, qu'après avoir combattu à visage découvert, avec un esprit de conciliation et nullement réactionnaire, d'avoir travaillé honnêtement dans l'intérêt de l'agriculture, de la France et de la République.

C. BAILLY.

PROJET DE RÉSOLUTION

Présenté à la réunion préparatoire du Syndicat de la Ligue des cultivateurs et de la Délégation cantonale, tenue à Nancy le 7 février 1885.

I. — PROGRAMME GÉNÉRAL.

1° Adhésion à la forme républicaine du gouvernement actuel ; opposition à toute mesure directe ou indirecte ayant pour but un changement ou une substitution ;

2° Système politique ayant pour but, par le contrôle sérieux et impartial de l'exercice et de l'exécution des attributions légitimes et rationelles de l'État, de garantir l'exercice de tous les droits de chacun, d'apporter l'ordre et l'économie dans les finances publiques, et d'assurer la paix et la sécurité à l'intérieur et à l'extérieur ;

3° Exclusion de tous les services et attributions dont l'économie et la bonne exécution seraient plus parfaites par l'initiative privée. Économie dans les services publics, suppression de tous les emplois inutiles ;

4° Répartition proportionnelle et équitable des impôts perçus à l'intérieur et à la douane ;

5° Rétablissement progressif du rapport qui doit exister entre les impôts perçus à l'intérieur et à la douane.

II. — Programme spécial ou professionnel.

1° Modification au tarif général des douanes existant, ayant pour but de rétablir l'égalité de traitement entre les produits agricoles et les produits industriels ;

2° Péréquation de l'impôt foncier, — modifications aux taxes de mutations et d'enregistrement ;

3° Modifications aux lois et mesures générales existantes, fixant le régime de la propriété rurale, ayant pour but : l'uniformité et la précision des titres de la propriété rurale individuelle ; de déterminer et de fixer définitivement son étendue et ses limites ; de développer et de faciliter tous les travaux et toutes les opérations individuelles et collectives ayant pour objet les améliorations foncières et culturales en général, telles que : irrigations, assainissement, drainage, création et entretien de chemins divers d'exploitation, etc. ;

4° Modifications aux lois existantes, fixant les ressources et les dépenses des budgets départementaux et communaux, ayant pour but une affectation et une répartition plus équitable de ces dépenses et de ces ressources entre le département et la commune et aussi entre les diverses catégories de contribuables ;

5° Réforme de l'enseignement agricole ayant pour but le développement et la diffusion de la science agricole en général : 1° Établissement de champs d'expérience complets suffisamment dotés, à l'Institut agronomique et dans les trois écoles régionales d'agriculture actuelles, sous le titre de stations agronomiques nationales ; 2° Envoi, par les soins du Ministère de l'Agriculture, des publications officielles, recueils, annales ou publications périodiques des stations agronomiques nationales à tous les maires des communes chargés d'en annoncer officiellement la réception et d'en faire le dépôt aux archives ou à la bibliothèque communale.

Nancy. — Imp. Paul SORDOILLET, rue Saint-Dizier, 51.